FSC
www.fsc.org

MIX

Papier aus ver-
antwortungsvollen
Quellen
Paper from
responsible sources

FSC® C105338

AF281735

Eins

Geheimdienstpolizei

Die rechten Seiten sind leer

Jeder Aufenthal

Der Bürgermeister einer Kleinstadt, die noch nie auf-
gefallen war, hatte ungewöhnlichen Besuch. Eine Limousine mit verdunkelten Scheiben, schwer, offenbar
gepanzert und stark motorisiert, hielt vor dem Eingang der Stadtverwaltung. Als die Limousine mit ho-
heitlichem Kennzeichen gehalten hatte, stieg der Bei-
fahrer aus und öffnete wie bei einem Staatsbesuch die
Türe der Rückbank rechts hinten. Der Bundespräsident Jannick Müller-Korn, der vor zwei Tagen erschossen worden war, stieg aus dem Wagen, duckte
sich ein wenig, und orientierte sich gleich zur Türe
hin, die die Räume der Verwaltung der Kleinstadt von
der urbanen Landschaft trennt. Der Bürgermeister,
ein auf Raps und Rüben fokussierter Landwirt, der
wegen seiner seit Generationen ansässigen Familie
gut auf den Stimmzettel der konservativen Parteien
im Ort gepasst hatte, streckt ein wenig die Hand aus,
teils irritiert, teils verlegen. Eine helle Velours-Jacke
hatte Bürgermeister Hanß-Joachim Kaucker-Süß ge-
tragen, dunkle Stoffhosen und ausnahmsweise ein
Hemd. Die Hosenträger hielten seine Kleidung gut
beisammen, die Schuhe passen gut zum Asphalt. Aber
zwei Meter weiter regnete es. Der Gast zog den Kra-
gen seines Sakkos hoch über die Schultern, stellte sich
gegen den Regen und deutete in Richtung Türe. Der
leicht verdatterte Bürgermeister zuckte zum Beifah-
rer hin orientiert leicht mit den Achseln und folgte
unauffällig. Die Türe war natürlich zugefallen; Müller-
Korn öffnete sie etwas ungeschickt. Es war nicht das

letzte Vorkommnis, das bei einem Staatsbesuch peinlichst genau vermieden worden wäre.

Drinnen begrüßte Kaucker-Süß den Gast: „Schön, dass Sie da sind, wir haben einen kleinen Sektempfang vorbereitet, aber Sie sind sicher auch müde von der langen Fahrt; das Auto parken Sie am besten im Innenhof, den können wir abschließen". Da der Personenschützer vom Beifahrersitz vorausgegangen war, teils aus Routine, teils aus Verlegenheit, ging Müller-Korn selbst noch einmal hinaus, lief dem davonfahrenden Wagen hinterher und sagte dem verdutzten Fahrer, dass ein Innenhof existiere. „Alles klar, den werd' ich schon finden", lautete die Antwort. „Ich warte an der Tür auf Sie.", raunte der Nassregnende sich dorthin zurückwendend, wo er gerade erst angelangt gewesen war. Drinnen stand der trockene Bürgermeister, ein bisschen nervös, ein bisschen erquickt, und forderte zum Aufsteigen in die erste Etage auf: „Wollmer?!" - „Ich habe dem Fahrer versprochen, zu warten", lautete die Antwort. „Vom Innenhof her gibt's einen separaten Eingang!". Sie teilten sich auf und verabredeten sich für in fünf Minuten oben im ersten Obergeschoss.

Müller-Korn überlegte ein wenig, wie wohl nun seine Amtsbezeichnung laute: Bundespräsident a.D. konnte er sich nicht nennen, denn formal ist er noch im Amt. Aber die Fernsehbildschirme weltweit hatten eine Szene gezeigt, die allen ZuschauerInnen demonstriert

hatte, dass der Präsident nicht mehr vorsitzen würde. Seine Frau war in der Hauptstadt geblieben, aus Sicherheitsgründen. Sie muss die Trauerfeier mitorganisieren und natürlich mit anwesend sein. Da aber relativ wenig tatsächlich vorzubereiten war, hatten die beiden vereinbart, sich einfach zu trennen und am Tag nach der Trauerfeier in der Kleinstadt zu treffen. Bis dahin würde er schon eine kleine Bleibe gefunden haben und sie die privaten Notwendigkeiten zusammengepackt. Er hoffte, dass sie ihre Maskerade aufrechterhalten konnte. Nur der Bundesnachrichtendienst war in die Angelegenheit direkt involviert gewesen, alle anderen Behörden und sogar die Regierung hatten von der Attacke selbst über das Fernsehen erfahren, über die Zeitschriften gestern und über das, was man sich eben erzählt. Es war die Idee des Leiters der Behörde, das Attentat zu erfinden, mit dem ein diplomatischer Fauxpas behoben werden solle: es hatte sich herausgestellt, dass der Regierungschef faktisch die Repräsentation des Staates übernommen hatte, die klassischerweise dem Präsidenten zusteht. Da aber eine Revolution vermieden werden musste, ein Regierungswechsel im Mehrparteiensystem zu unsicher war, was die während des vorherigen Regierungswechsels aufflammenden und nicht befriedeten Konflikte betraf, konnte keiner außerordentlich zurückstecken und offen einen Fehler eingestehen. Die Lösung des Dilemmas bestand darin, nach dem Attentat, in einer mehr oder minder festgelegten Rei-

henfolge, die Regierungen der Welt darüber zu informieren, dass Müller-Korn am Leben sei und bei dringendem Gesprächsbedarf ein Besuch möglich sei. Nur Auslandsreisen seien wegen der weltweiten Nachricht nicht mehr möglich. Dadurch hatte der Auslandsgeheimdienst neue Kontakte, neue Gesprächsfäden und konnte sicherstellen, dass konstruktive Gesetze der ahnungslosen Regierung verbindlich kommuniziert werden konnten, dass fremde Regierungen sich gegenüber ihrer Bevölkerung dominant zeigen könnten mit einem von Deutschland übernommenen Gesetz. Nötig gemacht hatte die Herangehensweise ein parlamentarisches Patt, bei dem sowohl Glaubensfragen als auch Erziehungsfragen dazu geführt hatten, dass keine Koalitionen vereinbart wurden; Dass parlamentarische Koalitionen den inhaltlichen Fortschritt behinderten, indem eine feste Mehrheit ihre Gesetzesvorhaben innerhalb der Koalition diskutieren konnte, das Parlament also zu einer Gesetzesbegründungsorgie wurde, war schon länger bekannt gewesen. Koalitionen zu verbieten war aber nur durch Gesetz möglich und der Bundeskanzler konnte den Präsidenten notfalls zu einer Unterschrift, einer Billigung eines Gesetzes zwingen. Der Präsident hatte also keine Möglichkeit, außer dem direkten Gespräch mit den medial bestätigten Abgeordneten, die parlamentarische Debatte mit Leben zu füllen. Die Regierung musste also unterdrückt werden ohne dass sie einen tatsächlichen Fehler gemacht hatte, ohne dass sie den

parlamentarischen Ablauf missachtet hätte, musste unwissend werden bezüglich des genannten Problems, ohne aber illegitim zu werden. Da Verfassungsfragen von einem eigenen Gericht geklärt werden konnten und der militärische Abschirmdienst sich überwiegend mit dem Internet beschäftigte, war der Bundesnachrichtendienst prädestiniert für die Angelegenheit. Da aber der Bundesnachrichtendienst nicht dem Präsidenten selbst unterstellt war, bedurfte es einer eher zufälligen Begegnung zwischen dessen Leiter und dem Bundespräsidenten, nach der beschlossen wurde, das Vorhaben direkt umzusetzen: Über die Presseabteilung berief der Bundespräsident eine Pressekonferenz ein, man ließ Beamte des Bundesnachrichtendiensts eine Waffe mit Platzpatrone, eine schutzsichere Weste und Farbkammerbeutel herbeibringen. Das Thema der Pressekonferenz war noch zu bestimmen gewesen. Sie einigten sich darauf, dass beide einen Begriff niederschrieben und die Kombination der beiden als Thema herausgegeben werden sollten. Es wurde einberufen zum Thema „Bauliche Maßnahmen am Schloss Bellevue und Beweislastumkehr im parlamentarischen Duktus".

Als der Leiter des Geheimdienstes alle Anweisungen erteilt hatte, aus Sicherheitsgründen handschriftlich an seinen Mitarbeiter, saßen beide zuerst stumm da und schauten sich an. „Ich muss meiner Frau Bescheid sagen", platzte es aus Müller-Korn heraus, aber er blieb still sitzen. "Bitte persönlich, ich habe darauf

Dreizehn

geachtet, dass keine Fernmeldestellen von der Mission im Vorhinein mitbekommen können und – ich mache das auch zum ersten Mal – mir fällt gerade auf, dass Sie sich hernach nicht in Berlin aufhalten können."

Wieder sitzen beide sich stumm gegenüber. „Wie wäre es, wenn Sie meiner Frau Bescheid sagten, und ich schaue im Atlas nach, wo es mir gefällt?", meinte Müller-Korn. „Wo finde ich sie?". Auf das Zögern seines Präsidenten fügte der Geheimdienstleiter an: „Sie werden sicher verstehen, dass ich auf eine schriftliche Mitteilung verzichten muss!". Müller-Korn schmunzelte: "Sie ist um diese Uhrzeit oft in der Bibliothek, wir haben uns zum Abendessen verabredet. Dazwischen weiß ich manchmal nicht, was sie macht. Meine Beraterin kann Ihnen vielleicht helfen, sie zu finden. Wir müssen aber nachher noch über Ihr Verhalten nach der Aktion sprechen.". „Bis später!", sagte Frank-Werner Töltz, der Leiter des Bundesnachrichtendiensts. Im Gehen schaute der auf seinen Blinkstein, ein abhörsicheres Funkgerät, das darauf ausgelegt ist, den Erfolg vorher vereinbarter Missionen zu bestätigen. Er erklärte dem Präsidenten deshalb noch, dass sowohl eine Waffe mit Gummigeschoss, als auch eine dünne Schutzweste und Farbbeutel organisiert werden konnten und auf dem Weg hierher seien. Die Geheimhaltungsstufe sei die höchste, man sage sich nur das Allernötigste. Nur einen Schützen habe man noch nicht gefunden. „Vielleicht können sie sich nicht ei-

nigen", meinte Frank-Werner Töltz leicht lasziv. Der Präsident lachte ein wenig überrumpelt, „wie sarkastisch", und saß leicht in sich zusammengesackt da. „Wahrscheinlich habe ich geglaubt, dass es genüge, ein gutes Vorbild zu sein", sagte er zum wartenden Töltz, der rechts von dem goldbelegten Barock-Sofa stand, weil er ja gerade zur Tür gehen wollte. Müller-Korn drehte den Kopf zu ihm und fragte, weil der stumm geblieben war, ob er denn wisse, zu schießen. Der bestätigte zurückhaltend. "Dann möchte ich, dass Sie sich heute von Ihren Männern festnehmen lassen."

„Das geht nicht, die Pressekonferenzen werden nicht von unseren Leuten bewacht!", antwortete der. „Dann wird's vielleicht ein bisschen realistischer. Ich zeige Ihnen nachher den Raum der Palastwache, da können ihre Leute dann auf Sie warten, wenn Sie abgeführt werden; und sagen Sie meinen Personenschützern, sie sollen mich schnell vom Rednerpult wegbringen, damit möglichst wenig schief gehen kann. Nein, das kann ich selbst machen; vielleicht wissen die auch, wo ich nach dem Attentat hingehen kann."

Eine Pause entstand, in der beide überlegten, ob richtig sei, was sie gerade begonnen hatten.

„Einige werden Angst bekommen", sagte Töltz. „Die nicht mehr protestierenden Schülerinnen haben das schon", sagte Müller-Korn.

Wieder entstand eine Pause. Töltz überlegte routiniert, was zu tun sei; üblicherweise verlässt er Gesprä-

che, in denen Pausen entstehen. Diesmal aber drehte er sich um. Er wählte auf seinem Telefon die Nummer der Pressestelle des Bundespräsidialamtes und wünschte die Ehefrau des Präsidenten zu sprechen.

Müller-Korn schaute etwas verdutzt und entschied sich, sofort einen Atlas aufzurufen. Vielleicht war es doch besser, wenn seine PersonenschützerInnen sich auf ihr Training besinnen mussten, wenn er nachher erschossen würde. Er zückte also wiederum seinen eigenen Blinkstein. Das Bundeskriminalamt, dem er ein „Diensthandy" abgerungen hatte, hatte ihm eines überlassen, mit dem er zufrieden gewesen war. Aber es nervte ihn schon immer, mit dem Finger das, was er sieht, zu bewegen, also legte er es beiseite. Töltz hatte inzwischen dessen Frau in der Leitung und begann unerwartet zu stammeln. „Sie soll mir einen Atlas bringen, wir haben ein nachrichtendienstliches Problem und die Blinkstein-Bildschirme sind so klein", half der Bundespräsident Töltz. In dem Augenblick wurde ihm bewusst, dass er nicht mehr an Staatszeremonien teilnehmen würde. Eine Träne entrann seinem rechten Aug'. Beschämt lief Töltz zu einem Fenster in der Nähe, schaute heraus und steckte sein Funkgerät stilsicher in die Sakkotasche. „Es war mir eine Ehre...", setzte der an, aber Müller-Korn unterbrach: "Es wird Ihnen eine Ehre gewesen sein!".

Wieder entstand eine Pause, in der sich der Geheimdienstchef setzte und ebenfalls eine Träne zeigte. „Aber sicher doch, ich muss ja nachher noch auf Sie

Neunzehn

zielen". „Beschäftigen Sie sich bitte zuerst mit dem Vatikan und mit Monaco", und warten Sie nicht auf Antworten, sondern informieren Sie gleich weiter. Wenn ein Land gar nicht reagiert, dann wüsste ich das gerne.

Wieder entstand eine Pause, weil beiden bewusst wurde, dass es keine formellen Gespräche mehr geben würde.

„Wir müssen uns regelmäßig treffen", meinte Töltz, weil wir nicht miteinander telefonieren werden. Das würde die anderen Geheimdienste verwirren.

„Nein, Sie müssen die anderen Geheimdienste bei Zeiten informieren, und zwar die Leitungsebene unter strikter Geheimhaltungsdirektive – und wir werden immer öffentlicher miteinander sprechen; ich hoffe, dass wir das Gespräch öffentlich fortsetzen, sagte Müller-Korn, wandte sich zum Gehen und meinte in der Türe, auf sein Smartphone schauend, „Die Pressekonferenz ist für siebzehn Uhr angesetzt, jetzt ist vierzehnuhrfünfzehn!".

Da Töltz schwieg, zögerte Müller-Korn. „Geben Sie mir Ihre Waffe", sagte der. „Ich habe sie nicht bei mir", antwortete der. Müller-Korn wurde skeptisch.

»Das ist ein Drehbuch!«, platzte es aus der Landwirtschaftsministerin heraus. Eine Amerikanerin, die, man würde sagen, „auf dem dritten Bildungsweg"

deutsch gelernt hatte und über ein Direktmandat in den Bundestag eingezogen war, parteilos. Der amerikanische Botschafter hatte darum gebeten, sie zu berücksichtigen, wenn die Regierung zusammengestellt wird. „Nein, das glaube ich nicht!", antwortete der Bundeskanzler entschlossen, einer, der schon lange im Amt war und dessen Kabinett sich nur immer wieder geändert hatte, genauso wie das Bundeskanzleramt, das er beständig umbauen und nach seinen Bedürfnissen anpassen ließ. „Dem Titel nach ist es zumindest nicht für uns geschrieben, die Regierung der Bundesrepublik der Deutschen", warf der Justizminister ein, der wusste, dass nicht die Bezeichnung der Gruppe der Ministerinnen und Minister nach der Wein-Ausbau-Art benannt war, sondern WinzerInnen ihre Produkte an die Regierung anpassten: Das Kabinett war im Raum - bis auf den Finanzminister. Der hatte einen dringenden Termin bei der europäischen Zentralbank, der die Einführung des Dollars als deutsche Währung betraf. Der Dollar sollte den Euro ersetzen oder aber parallel zum Euro im Bundesgebiet als Währung zugelassen sein, weil Deutschland noch amerikanisch besetzt sei, war eine Begründung, weil der Dollar die bessere Währung ist, die andere. Die Lücke wurde durch den ersten Staatssekretär ersetzt, der entsetzt Cookies von seinem Funkgerät löschte. „Ich weiß nicht, warum wir über ein Buch sprechen", warf der ohne aufzublicken ein, „was der Autor damit mitteilen möchte ist im Grunde unklar, und dass es

Dreiundzwanzig

von uns benutzt werden soll, können wir getrost anzweifeln.

Der Bundeskanzler, der sich in der Zwischenzeit erhoben hatte, sagte in Richtung der Fensterscheibe, durch die er schaute, dass er es für ein Drehbuch halte. Der Verteidigungsminister befahl daraufhin dem Staatssekretär, der den Finanzminister vertrat, den Raum zu verlassen. Der steckte daraufhin sein Smartphone in seine Sakkotasche und lehnte sich in seinem Lehnstuhl leicht zurück, schaute in die andere Richtung des langen Tischs und sagte nichts. „Maßgeblich für die Tagespolitik sind die Tagesordnung des Bundestages, - für die Bevölkerung die Veröffentlichungen im Bundesgesetzblatt -, und die uns über das Grundgesetz und die Gesetze über die untergeordneten Behörden geläufigen Gesetze: Wir dürfen im Grunde nicht über dieses Buch sprechen. Ich halte es für eine Provokation, der wir mutig entgegentreten müssen!". „Eine Satire!", ergänzte die Ministerin für Verbraucherschutz und Umwelt, „aber eine, die nicht auf biologisch abbaubarer Tinte geschrieben ist, wie mir scheint", sagte sie, das vor ihr liegende Buch - man muss es aufreißen - skeptisch und zurückhaltend musternd. Sie bemühte sich ein bisschen zu viel, eine Grimasse dazu zu ziehen, man erkannte, dass sie sich über das Werk erheben wollte, was den Außenminister auf den Plan rief: „andererseits sind wir als Bundesregierung auch für die Bildung und Repräsentation unserer Bevölkerung zuständig und da ist es schon

möglich, dass ein Werk einmal ein bisschen zu sehr von uns, unseren Wünschen und Zielen kündet und wir darauf achten müssen, d" - „dass es auch sozialverträglich ist und zu einem angemessenen Preis erworben werden kann, bestenfalls kostenlos über illegale Streamingseiten", warf der ein bisschen teuflisch grinsende Arbeitsminister-Staatssekretär ein. Der Arbeitsminister war am Tag zuvor entlassen worden und von seiner Sekretärin zum Jobcenter geschickt worden, von wo aus er zum Rekrutierungsbureau der US-Armee geschickt worden war. Dass man ihn hereinlegte und der Presse gar nichts mitgeteilt hatte, hoffte man bei der morgigen Weihnachtsfeier im Bundeskanzleramt mitteilen zu können. Man wollte dann mit seiner Entlassungsurkunde ein paar Joints und ein Martinsfeuer entzünden. „Genau genommen brauchen wir dieses Buch nicht, um über uns und unsere Programmatik zu sprechen", erwiderte der Minister für Wirtschaft und Klimaschutz, „wir brauchen es noch nicht einmal zu lesen, denn die Demokratie ist ja im Grunde eine große BürgerInnenbeteiligung und solche Werke umgehen die parlamentarische Republik vollkommen. Deshalb rate ich, wir finden einen anderen Grund, um über uns zu sprechen, beispielsweise wollte ich fragen, ob jemand weiß, woher der Tisch stammt, auf dem wir alle gemeinsam - das betrifft wirklich uns alle - unsere Notizblöcke ablegen". „Das Wasser stammt aus der Rhön, das Sprudel, oder ‚der Sprudel' aus dem Taunus.", merkte der

Kanzler an, der mittlerweile mit einem anderen Buch in der Hand wieder an der Spitze des Tisches stand, an dem die Minister, die er beherrte, die er dem Bundespräsidenten vorgeschlagen hatte, saßen. „Was unterscheidet dieses Buch von jenem Buch?", fragte der und verhielt sich so, dass er schlau wirkte.

Das gesamte Kabinett schwieg für einige Momente, ehe die Ministerin für Entwicklung und Zusammenarbeit konstatierte: „Die Beweggründe des Autoren oder der Autorin sind hinsichtlich dessen, was man bezüglich eines Werkes rezipieren kann nicht deckungsgleich, aber was Verlag und Druckerei betrifft, so könnten diese identisch sein.

„Jawollo", quittierte die Bildungsministerin ihren starren Blick auf den Bildschirm ihres Smartphones: „Meine Tochter wurde mit einer eins in Deutsch geprüft!". Den entsetzten Blicken ihrer KollegInnen erwiderte sie „Ist das nicht großartig?!". Der Innenminister räusperte sich dezent und sagte nur „Das Werk könnte extremistische Tendenzen aufweisen, die nach Bourdieu auch über die von Ihnen verantworteten Schulen respektive Bildungsministerien der Länder reproduziert werden könnten und müssen demnach von diesem Freiwillige-Selbstkontrolle-Amt geprüft werden." Auf eine kurze Pause hin, die wortlos geblieben war, fragte er: „Sie wissen doch, was das ist, das Siegel, das angibt, welche Altersstufen ein Werk lesen dürfen ?!". Wieder blieb der Raum stumm. „In Amerika, da kann sie dann studieren, dank ihrer Eins, das

hätte sonst nicht geklappt, mit der Eins, dann hätte auch das Stipendium jemand anderes bekommen, das war wirklich ganz knapp, und dann hätte sie zur Polizei gehen müssen und Leute wie Sie beschützen, stellen Sie sich das mal vor, meine Tochter...".

Der Arbeitsminister-Staatssekretär öffnete demonstrativ eine Flasche mit Kronkorkenverschluss: „Plop!". Der Verteidigungsminister kicherte leise und meinte „Wir reden hier nicht über Grundnahrungsmittel, Müller!" - die beiden waren gemeinsam beim Bund gewesen und während einer Übung abseits der Strecke gelaufen, um sich bei einer Dorfkneipe Bier zu holen. Der auskunftsfreudige Wirt hatte sie in ein Gespräch verwickelt, bis beide betrunken waren und die Feldjäger nach ihnen suchten. Sie liefen nach Einbruch der Dunkelheit nach Hause und behaupteten am nächsten Morgen, sich verlaufen zu haben. Der Portier ließ sie herein, aber der Spieß witterte eine Fahne und verdonnerte sie zum Kartoffelschälen. Seitdem spielten sich die beiden gegenseitig Streiche. „Schau ´mal unter deinem Tisch", sagte der Arbeitsminister-Staatssekretär-Rekrut und wartete gespannt auf die Reaktion des Verteidigungsministers auf eine Tasche bei seinen Beinen, die der des Stauffenberg bei dessen Attentat nachempfunden schien. „Du weißt, was die mit Stauffenberg gemacht haben?!", meinte der, aber der Arbeitsminister schenkte sich nur gemütlich ein Bier ein. Die Ministerin für Verbraucherschutz und Umwelt nahm sich das volle Glas, trank,

und raunte dem Verdatterten zu, dass das „für die Umwelt" geschehe. Sie rülpste ein bisschen und schob das Glas zum Gesundheitsminister weiter, der nur meinte "Ich rauche nicht!".

Als der Bundeskanzler noch immer gemütlich am Ende des Tisches stand, fühlte er sich plötzlich unwohl. Also erinnerte er sich an die Schulzeit, drehte ein Rollo hoch, hinter dem eine Schultafel auftauchte: „Lassen Sie mich das Problem einmal hier veranschaulichen, bevor wir die Tafel aufheben!", meinte er und versuchte, mit einem ausgetrockneten Stift zu schreiben, was er sich überlegt hatte.

Der Gesundheitsminister wiederum wendete sich doch dem Bier zu, trank geflissentlich und sagte deutlich „Ich bin Gott!". Auf den verdutzten Blick des Landwirtschaftsministers gegenüber sagte er dazu: „Ihre Veterinärmediziner zwar auch, aber hauptsächlich ist es so, dass der Konsum von Alkohol auch im Bundestag nicht verboten ist. Deshalb möchte ich bei nächster Gelegenheit jene ergreifen, und ein bisschen beseelt über die Abgeordnetengesundheit sprechen. Sowieso beantrage ich, ein Zentrum für Abgeordnetengesundheit zu schaffen, weil viele Abgeordnete schon so lange im Bundestag sitzen, dass ihre Füße angewachsen sein müssten. Und da bringt auch eine Diät nichts, da müssen wir dann mit einem Skalpell heran, aber das wiederum ist nur dahingehend legal als dass wir den Reichstag nicht umwidmen müssen, sondern dürfen. Ich beantrage, den gesamten Bun-

destag nur zu den grundgesetzlich relevanten Themen sitzen zu lassen und abgesehen davon Tagungen des Zentrums für Abgeordnetengesundheit, Sie werden mir widersprechen, Frau Außenministerin, ‚AbgeordnetInnengesundheit', abzuhalten, in denen wir darüber sprechen, wie wir trotz einer Diät gesund bleiben können – und das meine ich internistisch wie auch chirurgisch, denn die Angriffsmöglichkeiten durch Bewaffnete werden immer komplexer zu heilen sein; früher hat man sich noch ein Schnitzel auf die Wange gelegt, wenn man ein blaues Auge vermeiden wollte, heute müssen wir sozusagen wie die Polizei in schusssicheren Westen, und das meine ich auch bezüglich der Fotographen, die auf der Tribüne sitzen, also, tragen müssen wir die, und die Helme, die wir 2020 über die europäische Union in die Ukraine geschickt haben, also wegen der Grenzstreitigkeiten mit der Türkei, also ich fände angemessen, wenn wir die zurückverlangen würden für unsere Abgeordneten, denn wir können unsere Personenschützer, der eine hat gerade ein Kind bekommen, also seine Frau, die können wir sozusagen nicht aufteilen, weil die Menge der BeamtInnen, die wir einsetzen können, ja nicht nur durch die Finanzmittel begrenzt ist, sondern auch durch die, sozusagen, die Frage nach der Ethik: darf ich akzeptieren, dass ein anderer Mensch mich schützen möchte, obwohl ein anderer Mensch diesen Schutz vielleicht viel mehr nötig hätte?". Der Bundeskanzler hatte sich verdutzt gesetzt und wie damals in

den Rechtswissenschaften-Vorlesungen mit den Knöcheln seiner Finger auf die Tischplatte geklopft »Bravo!«, exklamierte der, „genau den Elan brauchen wir für die nächste Bundestagswahl, denn" – „das ist das Kabinett und keine Parteivorstandssitzung", warf die Innenministerin leicht beschämt ein.

„Jedenfalls ist das genau das, was ich mir vorgestellt hatte, dass wir gemeinsam darüber sprechen, warum ein gesundes Bier aus Europa so viel besser ist als ein Staatssekretär der Finanzen, und was der Gesundheitsminister dazu zu sagen hat, das können wir auch gut über die Medien ausspielen, dazu brauchen wir nur diese Situation, so wie wir sie gemeinsam erlebt haben, noch einmal herzustellen. Und zwar wie eine Crew, die gemeinsam daran arbeitet, dass das Schiff, unsere Bundesregierung wieder in den Hafen fährt."

„Land in Sicht", grölte der Arbeitsminister-Staatssekretär-Recruiter, der sich ein weiteres Bier eingeschenkt hatte und es in die Runde herum anbot. »Ich würd' auch gern' eines nehmen", sagte der Landwirtschaftsminister, der wieder eine amerikanische Frau war, und den Finger der rechten Hand nach oben streckte.

„Genau deshalb, und das habe ich so auch immer wieder gesagt, möchte ich darauf hinwirken, und dass wir uns alle gemeinsam dafür einsetzen und uns anstrengen, dass das gesamte Land, man muss das nur so ein bisschen passend ‚framen', und wir als die Spitze der

Bewegung, uns dafür einsetzen, dass jemand anderes regiert!", sagte die Bildungsministerin, die gleich darauf wieder in ihr Smartphone schaute und offenbar ein Videogespräch fortführte.

„Wir brauchen dieses Buch, und wir müssen es alle lesen, das gebietet uns der Respekt vor demjenigen, dem ich es gestohlen habe, damit wir hier und heute gemeinsam und in einem europäischen Rahmen darüber sprechen". „Sie nennen Gebäude jetzt ‚europäische Rähmen', verstehe ich das richtig?", fragte die Ministerin für das Bauwesen.

Wieder war Stille im Raum und die Ministerin notierte stumm weiter ihre neuen Vorgaben, nur ihr Stift kratzte leicht auf dem Papier.

„Wir können uns jedenfalls sicher sein, was Ihre Frage von vorhin betrifft, bezüglich möglicher Unterschiede zwischen den beiden Büchern, dass die Zellulose der Seiten des Buchblocks und des Kartons vom Einband mit hoher Wahrscheinlichkeit aus unterscheidbaren Quellen stammen; möglicherweise ist eines sogar aus recyceltem Papier und ein anderes aus Frischzellstoff, aber das müsste man genauer analysieren, wenn die Druckerei keine Angaben in den rechtlichen Teil der Werke geschrieben hat – könnte ich die beiden ´mal haben?!", woraufhin der Bundeskanzler die beiden Exemplare aushändigte.

„Nun gut, also so kommen wir jedenfalls nicht weiter; der Marshall-Plan hat damals der deutschen Wirt-

schaft geholfen, wieder auf ‚eigenen Beinen' zu stehen, nun frage ich mich, ob wir wirklich beim Verlagswesen anfangen sollten, wenn wir verhindern müssen, dass das deutsche Wirtschaften zusammenbricht – wir handeln gerne mit den Amerikanern, äh, mit also, mein Großvater hat damals zu mir gesagt, ‚liebes, " - lautes Gekicher der Verteidigungsminister – und Arbeitsminister-Staatssekretär-Recruiter-Schankwirt-Koalition unterbrach den Gedanken der binationalen Ministerin für extraterritoriale Fragestellungen die Erde betreffend (bMfeFdEb).

»Die STASI-Unterlagenbehörde wird aufgelöst!«, verkündete die Bildungsministerin noch, ihr Smartphone in die Runde haltend, auf dem ein Zeitungsartikel gezeigt war, der viel zu klein war, als dass die anderen Ministerinnen und Minister ihn hätten lesen können.

»Wir Screencasten das einfach auf die Leinwand, die der Bundeskanzler vorbereitet hat«, meinte der fläzende Minister für Digitales und Verkehr - »darf ich mal?« und streckte seine Hand dem Smartphone entgegen, ein Modell aus Korea, das die Bildungsministerin nicht gleich hergeben wollte, bevor die Tasche unter'm Tisch beim Verteidigungsminister sich mit Konfettikanonenschlag öffnete, ein kleiner Roboter herauskrabbelte, sich auf der Mitte des Tischs platzierte und ein Bild des amerikanischen Präsidenten projizierte: »Hello, again: I need you to...«, bevor im Raum der Strom ausfiel, woraufhin all dessen Aufmerksamkeit verflogen war. "Macht nix, wir können Sie gut hö-

ren", prostete der Staatssekretär-Arbeitsminister-Recruiter-Schankwirt stimmungsvoll zu und legte seinen Kopf sanft auf den Tisch, um zu schlafen.

"Da können Sie nicht parken!", sagte ein Mitarbeiter des Grünamts, "der gesamte Innenhof muss frei bleiben für die Fahrzeuge vom Straßenbauamt, damit die richtig herum einparken können, wissen Sie", sagte er weiter zum verdutzten Fahrer der Präsidentenlimousine. Nach siebeneinhalb Stunden Fahrt brauchte der eigentlich ein bisschen Ruhe und hoffte, dass der "Lokale", wie man unter Fahrern diejenigen von den kommunalen Ämtern nannte, einfach das Nummernschild lesen würde: "B – 4 – 0". Wegen des Attentats hatte man die Wagen getauscht, damit der scheinbar verstorbene Präsident weiter in Berlin gewähnt wurde. Die Außenministerin war seither einfach im Auswärtigen Amt geblieben, aber brauchte ihren Wagen eigentlich auch zurück. Er hatte keine weiteren Fragen gestellt. Der Mann mit dem Besen, einer, der bei der Stadt eine Ausbildung gemacht hatte, kurz bei einem Betrieb in der Nähe gearbeitet hatte, aber zurückgekehrt war, musterte den Wagen stumm. "Ach so, ja, es fand ein Wagentausch statt", begann der Fahrer zu erklären, "wir haben die Wagen tauschen müssen, weil, Sie haben sicher mitbekommen, dass der Präsident vorgestern...", spekulierte der Fahrer unterbrochen zu werden. Die Antwort blieb zunächst aus. "Gut, also wenn Sie nicht wegfahren wollen, muss ich

beim Ordnungsamt rein, und dann müss'mer eben den Wagen schleppen, aber dann müssen's mit dem Taxi zum Parkplatz auf der anderen Seite, wo der Eingang von der Verwaltung ist, da können's dann Ihren abgeschleppten Wagen abholen!".

Der Fahrer stieg in seinen Wagen und fuhr aus dem Innenhof heraus, um das Gebäude herum zum Eingang, an dem sein Bundespräsident allein wartete, stieg aus, holte die drei Taschen aus dem Kofferraum, alle drei hatten nur das Nötigste mitgenommen, und lief zur Türe.

„Ich bin tot!", sagte Müller-Korn ernst, während er die Türe aufhielt, als sei er der Fahrer und nahm eine der Taschen entgegen. „Sie fallen sozusagen auf", erwiderte der, „Ihren Anzug könnten Sie schnell tauschen!". Müller-Korn musste dazu schweigen, denn er hatte nur Unterwäsche, T-Shirt, Kulturtasche und seinen Dienstausweis mitgenommen. Oben angekommen wartete ein kleiner Kreis von Stadträten und VertreterInnen vom ortsansässigen Handelsverband, des Touristikverbands und ein paar Polizisten.

„Ich bin müde", meinte der Empfangene, aber freue mich, Sie alle leibhaftig kennenlernen zu dürfen! Schnell reichte man ihm ein Glas mit Wein und eine Tafel mit Schnittchen, verhielt sich aber im Grunde wie in Erwartung einer Festrede, denn wenn es Schnittchen gibt, dann gibt es auch etwas zu feiern..

Als Autor des Werks bemerke ich mein abgeschlossenes Studium der Mathematik und Geographie und eine Vereidigung als Referendar für das Lehramt an Gymnasien. Derzeit lebe ich lohnerwerbslos zwischen Phantasie und Realität eingezwängt, denn das Coronavirus „begleitete" mich aus dem Lehramt heraus und ich weiß noch immer nicht warum (vermutlich war einmal mehr der Zufall am Werk).

„Jeder Aufenthal" ist mein ganz eigener Künstlername, den gar gar niemand anderes benutzen darf: (falls Sie ihn benutzen, senden Sie mir bitte eine Kopie Ihres Werks).

UMSCHLAGGESTALTUNG: Martin Ehrhardt

~~UMSETZUNG:~~   Nicht intendiert..

VERLAG: BoD · Books on Demand GmbH

In de Tarpen 42, 22848 Norderstedt

DRUCK: Libri Plureos GmbH,

Friedensallee 273, 22763 Hamburg

Zertifiziertes Papier; durch die Bindeart bedingte Seitenanzahl

ISBN: 978-3-7693-1533-2